Carolin Völker, Johanna Kramm

Plastik

Inhaltsverzeichnis

Zur Erfindung von Plastik

Kunststoffe, umgangssprachlich »Plastik«, symbolisieren wie kaum ein anderes Material die weltweite Umweltverschmutzung, haben allerdings zahlreiche Bereiche des alltäglichen Lebens revolutioniert und sind aus dem Alltag nicht wegzudenken. Während die Entdeckung und Verwendung von modernen Kunststoffen auf das späte 19. Jahrhundert zurückgeht, gab es im Mittelalter bereits Vorstufen von Kunststoffen, die auf natürlichen Harzen und Ölen basierten. Verwendet wurden diese unter anderem als Klebstoff oder zum Gerben von Leder. Ein weiteres Beispiel für ein natürliches Polymer ist Gummi, das aus milchigen Baumsäften hergestellt und für eine Vielzahl von Anwendungen genutzt wird. Mitte des 19. Jahrhunderts entwickelten mehrere Chemiker zunächst Cellulosenitrat, aus dem Zelluloid hergestellt wurde, welches die Gebrüder Hyatt ab 1868 in den Vereinigten Staaten industriell zu Billardkugeln verarbeiteten. Zelluloid diente als erstes Material, um natürliche Materialien zu ersetzen und somit Imitate von Luxusartikeln aus Naturprodukten wie Elfenbein herzustellen. Zelluloid

Wikipedia, Luis Fernández García
Rinde eines Breiapfelbaums mit vernarbten Schnitten zur Gewinnung des Milchsaftes.

wurde für eine Vielzahl von Produkten verwendet, von Schmuck bis hin zur Fotografie- und Filmproduktion. Da Zelluloid aus Cellulose hergestellt wird, einem natürlichen Material und Hauptbestandteil pflanzlicher Zellwände, handelt es sich hierbei noch nicht um ein rein synthetisches Polymer. Im Jahr 1907 entwickelte Leo Hendrik Baekeland den ersten vollsynthetischen Kunststoff: Bakelit. Dieser duroplastische Kunststoff lässt sich durch Wärme

Wikipedia, Holger Ellgaard

Schildkröt-Puppe Inge aus Zelluloid, 1950.

und Druck härten, verformt sich nicht durch Hitze, isoliert hervorragend elektrisch, ist nicht brennbar und eignete sich deshalb sehr gut für Elektroisolationsmaterialien. Bakelit wurde in zahlreichen weiteren Gebrauchsgegenständen eingesetzt, darunter Telefone, Dosen und Kästchen, Küchenwaagen, Schalter, Elektrogeräte und sogar als Ersatz für Bernstein in Schmuckstücken. Die großindustrielle Herstellung des Kunststoffs machte die Produkte für eine breite Masse von Konsument:innen zugänglich.

Die wichtigsten Erfindungen in der Welt der Kunststoffe fanden zwischen den beiden Weltkriegen statt: Ab 1912 ermöglichten Verfahren die industrielle Entwicklung von PVC. Es folgten Zellophan als erste wasserdichte, biegsame Folie, der heute weltweit am meisten verwendete Kunststoff Polyethylen, Nylon und Polystyrol. In der ersten Hälfte des zwanzigsten Jahrhunderts ersetzten Kunststoffe nach und nach natürliche

Haushaltswaren, DDR 1960.

Materialien für die Herstellung von Gebrauchsgegenständen.
In der zweiten Hälfte des zwanzigsten Jahrhunderts wuchs die Plastikindustrie wie kein anderer Industriezweig. Zwischen 1950 und 1970 stieg die Produktion um das Zwanzigfache auf mehr als 25 Millionen Tonnen. Kunststoffe wurden nun auch vermehrt in der Lebensmittel- und Verpackungsindustrie eingesetzt, so wurde 1968 die erste Flasche aus Kunststoff für Mineralwasser von Vittel auf den Markt gebracht. In den 1970er-Jahren führte Coca-Cola die PET-Flasche ein und verhalf ihr zu einer weltweiten Karriere. Im Jahr 2000 erreichte die Produktion 187 Millionen Tonnen, dann 265 Millionen im Jahr 2010 und 390 Millionen im Jahr 2021. In diesem Jahr stellte China fast ein Drittel der weltweit produzierten Kunststoffe her, während sich ein weiteres Drittel auf Europa und Nordamerika verteilt. Auch heute noch gilt die Kunststoffindustrie als ein wachsender Wirtschaftszweig.

Kunststoffproduktion in Böhlen bei Leipzig.

Kunststoffe: Bunt und vielfältig

Kunststoffe sind Werkstoffe, die aus synthetischen oder halbsynthetischen Makromolekülen bzw. Polymeren bestehen. Ausgangsstoff für die meisten synthetischen Polymere ist Erdöl. Diese Polymere bauen sich aus wiederholenden Grundeinheiten (Monomere) auf, die bei der Polymerisation chemisch miteinander verbunden werden. Kunststoffe haben wichtige Eigenschaften wie Formbarkeit, Härte, Elastizität, Bruchfestigkeit und Beständigkeit, die durch Beimischung von Zusatzstoffen (Additiven) weiter modifiziert werden können. Dabei verbessern Additive den Produktionsprozess sowie die Erscheinung und die Performance des Endprodukts. Bekannte Zusatzstoffe sind Weichmacher, Flammschutzmittel, Antioxidantien, Farbstoffe und antimikrobielle Wirkstoffe.

Für die Vielzahl der Materialien, die unter dem Begriff Kunststoffe zusammengefasst werden, existieren unterschiedliche Einteilungen. Gängig sind Einteilungen nach mechanisch-thermischem Verhalten (häufigste Einteilung), Ursprung (natürlich oder synthetisch), Verwendung oder Entstehungsreaktion. Nach mechanisch-thermischem Verhalten werden Kunststoffe in Thermoplaste, Duroplaste und Elastomere unterteilt. Thermoplaste zeichnen sich durch lange lineare Moleküle aus, die nicht vernetzt sind. Dadurch sind diese Kunststoffe schmelzbar, werden also in einem bestimmten Temperaturbereich weich und können beliebig oft geformt werden. Der Großteil der heute genutzten Kunststoffe sind Thermoplaste, darunter beispielsweise Polyethylen (PE), ein sehr leichter und flexibler Kunststoff, der in vielen Anwendungen wie Verpackungsmaterialien eingesetzt wird, das etwas härtere und widerstandsfähige Polypropylen (PP), welches ebenfalls häufig für Verpackungen verwendet wird, Polyvinylchlorid (PVC), ein Kunststoff, der je nach dem Einsatz von Weichmachern in Hart- bzw. Weich-PVC unterteilt wird und in zahlreichen Anwendungen wie Rohren, Kabelisolierungen und Bodenbelägen eingesetzt wird oder Polyethylenterephthalat (PET), ein sehr widerstandsfähiger Kunststoff, der in vielen Anwendungen wie Getränkeflaschen, Textilien und Verpackungsmaterialien genutzt wird.

Im Gegensatz zu Thermoplasten behalten Duroplaste ihre Form auch bei hohen Temperaturen bei, da sie durch die engmaschig vernetzten Polymere ausgehärtet sind. Diese Kunststoffe sind nicht flexibel, sondern hart und spröde. Beispiele für Duroplaste sind alle Kunstharze wie Epoxidharz oder auch Phenoplaste, unter die beispielsweise Bakelit fällt. Diese Kunststoffe finden in verschiedenen Industriezweigen vielfältige Anwendungen, von der Elektrotechnik bis hin zum Bauwesen. Sie bieten eine ausgezeichnete Festigkeit und Beständigkeit gegenüber chemischen Einflüssen.

Elastomere sind eine spezielle Art von Polymeren, die sich durch ihre hohe Elastizität und Dehnbarkeit auszeichnen. Nach einer Deformation kehren sie in ihre ursprüngliche Form zurück, sobald die äußere Belastung beendet wird. Dieses einzigartige Verhalten wird durch die weitmaschige Vernetzung der Polymerketten innerhalb des Materials erreicht. Elastomere sind bekannt für ihre hervorragende Beständigkeit gegenüber mechanischer Beanspruchung, Verschleiß und Witterungseinflüssen. Sie werden hauptsächlich für die Herstellung von Gummi-Produkten wie Reifen, Dichtungen und Schläuchen verwendet.

Leben im Plastikzeitalter

Nach dem Zweiten Weltkrieg fanden Kunststoffe, die nahezu in jeder gewünschten Form hergestellt werden, immer neue Einsatzbereiche, wurden mehr und mehr Teil des Alltagslebens und ermöglichten neue Lebensstile. Die kostengünstige Produktion, die vielseitige Anwendbarkeit und die Kurzlebigkeit der meisten Produkte befeuerten die Massenproduktion und ließen Plastik nach dem Zweiten Weltkrieg zum Symbol von Fortschritt und Modernität werden. Konsumgüter jeglicher Art wurden nun für alle Einkommensschichten erschwinglich. Ein wichtiger Schritt in der Karriere der Kunststoffe war die Entwicklung von Einwegprodukten. So fasst ein in den späten 1950er Jahren in der Zeitschrift »Modern Packaging« veröffentlichter Artikel den Wandel von einem als langlebig und

IMAGO / Sven Simon, 0162983755

Verpackte Lebensmittel auf einem Kassenband an einer Supermarktkasse.

haltbar angesehenen Material hin zu einem kurzlebigen folgendermaßen zusammen (o. V. 1957: 120 in Hawkins 2013: 55):»Das Wichtigste für die Produktion von Kunststoff-Verpackung ist die gesellschaftliche Akzeptanz der Idee, dass Verpackungen dazu gemacht sind, weggeworfen zu werden.« Das Wegwerfen von kurzlebigen Plastikprodukten wie beispielsweise Kunststoffverpackungen musste jedoch erst gelernt werden.

Die Kunststoffhersteller sollten nicht mehr an wiederverwendbare Gläser und Schachteln für den Kühlschrank denken, die ein Leben lang halten, und die Verbraucher sollten sich an die Idee gewöhnen, diese Dinge wegzuwerfen. Gebrauch und Bedeutung von Kunststoffen wurden verändert: von langlebig zu kurzlebig, von wiederverwendbaren zu Einwegprodukten. Das Plastikmaterial wurde nach kurzer Nutzungsdauer zu Abfall.

Heute entfällt der Großteil der Kunststoffproduktion (etwa 40 %) auf Verpackungen, die häufig nach einer einzigen Verwendung entsorgt werden. Weitere große Einsatzfelder sind der Bausektor (18 %), die Automobilindustrie (8 %), die Elektroindustrie (7 %), Sport und Freizeit (7 %) und die Landwirtschaft (4 %). Unter anderem im Lebensmittelbereich wären die heutige Lebensmittelproduktion und die Vermarktung ohne Kunststoffe nicht möglich: Kunststoffverpackungen ermöglichen globale Handelsketten, denn sie machen Gemüse und Obst haltbar und Waren leichter transportierbar. Sie sind aus Gründen von Logistik, Marketing, Produktpräsentation und Qualitätskontrolle aus dem Lebensmittelhandel nicht mehr wegzudenken und prägen die Arbeitsabläufe in Supermärkten. Durch ihre Allgegenwärtigkeit sind Kunststoffe integraler Bestandteil des alltäglichen Lebens geworden. So ermöglichen Lebensmittelverpackungen einen Convenience-Lebensstil und eine To-Go-Kultur: die Selbstbedienung und der schnelle Erwerb von Produkten im Supermarkt, der Konsum von Kaffee und Lebensmitteln ganz nebenbei auf dem Weg zur Arbeit.

Auch in der Medizin erfüllen Kunststoffe vielfältige Aufgaben: Medizinische Geräte, Einwegartikel wie Spritzen und

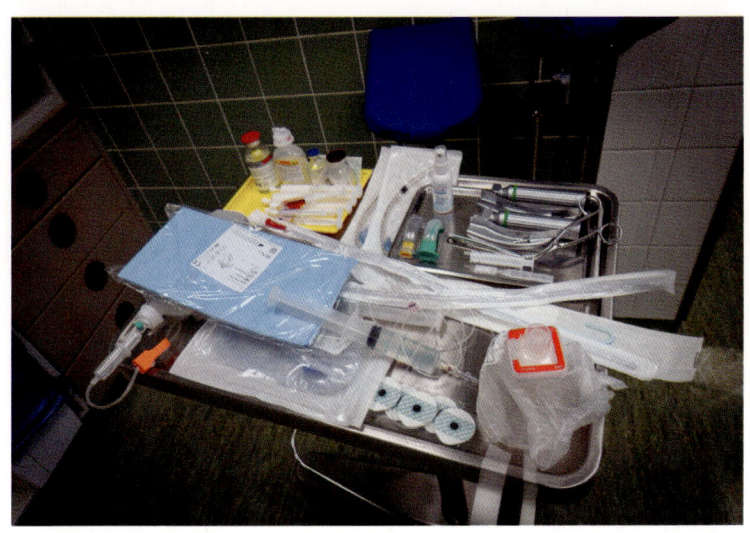

IMAGO / Karsten Eggert, 0201543280

Im medizinischen Bereich geht es nicht ohne Kunststoffe.

Katheter, Verpackungen von Arzneimitteln und medizinische Implantate bestehen oft aus Kunststoffen. Neben Vorteilen wie Sterilität und Haltbarkeit bieten Kunststoffimplantate außerdem Biokompatibilität, haben also keinen negativen Einfluss auf das sie umgebende Gewebe. Der wichtigste Grund für die Verwendung von Kunststoffen in der Medizin ist die Hygiene, welche durch den Einsatz von Einwegkunststoffprodukten statt medizinischer Geräte aus Glas oder Metall verbessert wurde.

Daher sprechen wir von einem »Plastikzeitalter«, das unser gesellschaftliches Zusammenleben prägt. Seit den 1950er-Jahren, als die Massenproduktion von Kunststoffen begann, wurden weltweit mehr als 8,3 Milliarden Tonnen Kunststoff produziert. Doch neben den vielen Vorteilen, müssen auch die negativen Seiten des Plastikzeitalters betrachtet werden. So führen die massenhafte Produktion und vor allem die Langlebigkeit von Kunststoffen in der Umwelt zu ökologischen Folgen. Auch die zahlreichen Additive in Kunststoffprodukten bergen Risiken für die menschliche Gesundheit.

Plastikfolien in Ballen zur Wiederverwertung in einem Recyclingbetrieb.

Wohin mit dem Müll?

Mit der zunehmenden Verwendung von Kunststoffen ergibt sich zwangsläufig das Problem ihrer Entsorgung. Weltweit fielen 2015 schätzungsweise 300 Millionen Tonnen Plastikmüll an, der Großteil von 141 Millionen Tonnen durch Verpackungsabfälle. Zu den größten Müllproduzenten gehören die wohlhabenden Länder des globalen Nordens. So liegt das Abfallaufkommen pro Kopf und Tag in Deutschland bei 1,69 kg, von denen 11 % auf Kunststoffe entfallen. In Indonesien liegt das Abfallaufkommen dagegen bei weniger als einem Drittel dieser Menge (0,52 kg), wobei ebenfalls 11 % auf Kunststoffe zurückzuführen sind. Auch zeigt sich, dass die Müllproduktion mit wachsendem Wohlstand steigt.

Mit dem wachsenden Kunststoffaufkommen seit den 1950er-Jahren nahm die Abfallmenge stark zu und so auch die Notwendigkeit einer verbesserten Abfallwirtschaft. In Deutschland trat 1972 das Abfallbeseitigungsgesetz in Kraft, welches Regelungen für Mülldeponien enthielt, um die Umwelt zu schützen. In den 1990er Jahren folgten das Kreislaufwirtschafts- und Abfallgesetz, das den Grundstein für ein modernes Abfallwirtschaftssystem legte. Es forderte eine Abkehr von der Deponierung hin zur Abfallvermeidung, Wiederverwendung und Recycling. Mit der Verpackungsverordnung von 1991 wurden die Unternehmen in Deutschland verpflichtet, ihre in Umlauf gebrachte Verpackung der Verwertung zuzuführen und bei der Entsorgung mitzuwirken. Neben dem kommunalen Entsorgungssystem, das den Restmüll einsammelte, wurde ein zweites Entsorgungssystem, das duale System, aufgebaut. Erster privatwirtschaftlicher Entsorger war »Der Grüne Punkt – Duales System Deutschland GmbH«. Mit der Mülltrennung sollten das Recycling und die Wiederverwertung der unterschiedlichen Müllsorten verbessert werden.

In Deutschland fielen 2019 laut Umweltbundesamt 6,28 Millionen Tonnen Plastikmüll aus gewerblichen und haushaltsnahen Bereichen an. Das Umweltbundesamt hebt hervor, dass 99,4 % aller gesammelten Kunststoffabfälle verwertet werden. Verwertung ist jedoch nicht mit Recycling gleichzusetzen, da die Verbrennung in Müllheizkraftwerken oder in Zementfabriken mitberücksichtigt wird, was als energetische Verwertung bezeichnet wird. Plastikmüll ersetzt dann einen fossilen Rohstoffträger zur Energiegewinnung. 2019 wurden in Deutschland 52,8 % des Plastikmülls energetisch und 46,6 % stofflich verwertet. Ein Drittel des Plastikmülls zur stofflichen Verwertung wird ins Ausland exportiert, wobei nicht kontrolliert wird, was mit dem Müll im Ausland tatsächlich geschieht. Seit 2021 gilt jedoch eine EU Export-Beschränkung von Plastikmüll. Unsortierte oder verschmutzte Plastikgemische dürfen nicht mehr international gehandelt werden. Nur noch saubere, leicht zu recycelnde Plastikabfälle dürfen exportiert werden.

Es wird letztendlich nur ein kleiner Anteil des gesamten Plastikmülls in Deutschland zu Rezyklat für die Herstellung neuer Produkte. Hier zeigen sich auch die bestehenden Herausforderungen des Recyclings von Kunststoffen: Häufig lassen sich Kunststoffprodukte nicht recyceln, etwa aufgrund der Verwendung von Verbundstoffen, die kaum trennbar sind, oder aufgrund von Zusatzstoffen und Chemikalien. Auch gleicht das Recycling zumeist eher einem »Downcycling«. Die recycelten Kunststoffe besitzen nicht die gleiche Qualität und Eigenschaften wie der Ausgangskunststoff, daher können nicht die gleichen Produkte gefertigt werden. Eine geschlossene Kreislaufführung ist also bisher noch nicht möglich. Des Weiteren gibt es kaum einen ökonomischen Anreiz, Kunststoffrezyklat zu verwenden, sodass dessen Verarbeitung lediglich 13,7 % der gesamten Kunststoffmenge ausmacht. Die Ellen MacArthur Foundation, eine gemeinnützige Organisation zur Förderung der Kreislaufwirtschaft, arbeitet mit großen

IMAGO / ZUMA Wire, 0161671877

27. Juni 2022: Arbeiter in einer Recyclingfabrik in Dhaka, Bangladesch sortieren Plastikmüll.

plastikproduzierenden und -verwendenden Unternehmen an einer Selbstverpflichtung zur Reduzierung von Kunststoffabfällen zusammen. Im Zuge dessen verpflichten sich die Unternehmen die Recyclingziele zu erreichen und legen ihre Produktions- und Recyclingzahlen offen. Der weltgrößte Nahrungsmittelkonzern Nestlé, zum Beispiel, brachte im Jahr 2019 Plastikverpackungen in einem Umfang von 1,5 Millionen Tonnen auf den Markt. Davon ließen sich nur 66 % recyceln oder wiederverwenden und lediglich 2 % gemessen am Gewicht der verwendeten Plastikverpackungen wurden aus Rezyklat hergestellt. Damit ist Nestlé kein Einzelfall: das Verpackungsdesign vieler global agierender Nahrungsmittel- und Verbrauchsgüterkonzerne lässt häufig kein vollständiges Recycling zu und auch die Verwendungsraten von Rezyklaten fallen sehr niedrig aus.

Es existieren unterschiedliche Recyclingstrukturen in den verschiedenen Ländern. In europäischen und nordamerikanischen Ländern ist das Einsammeln und das Verwerten von

Abfällen in die formelle Wirtschaft eingebunden. Aber in vielen Ländern ist das Sammeln, Sortieren und Recyceln durch informelle Strukturen bestimmt. Im sogenannten informellen Sektor sind häufig keine Sozial- und Umweltstandards vorhanden und die Bevölkerungsgruppen, die darin wirtschaften sind oft besonders verwundbar. Auch die Lasten von Plastikmüll sind häufig ungleich verteilt und vor allem ärmere Menschen sind von den negativen Folgen des Mülls betroffen. So liegen Produktionsstandorte, Müllverbrennungsanlagen und Mülldeponien oft in Gemeinden, die durch ein niedriges Einkommen oder Marginalisierung ausgezeichnet sind. Diese Bevölkerungsgruppen sind einem höheren Risiko für Umweltverschmutzung und Gesundheitsproblemen ausgesetzt. Mülldeponien, illegale Müllhalden oder unkontrollierte Verbrennung von Plastikmüll können negative Auswirkungen auf die umliegenden Ökosysteme und Menschen haben. Dabei wird ein beträchtlicher Anteil des Mülls nicht sachgemäß entsorgt und gelangt über verschiedene Wege in die Umwelt, unter anderem in die Meere und Ozeane.

IMAGO / imagebroker FrankxBienewald, 0076414778

Menschen sammeln leere Plastikflaschen, Kathmandu, Nepal.

Der Müll und das Meer

Plastikmüll in den Meeren rückte vor allem durch die Entdeckung des Müllstrudels im Pazifik durch den Ozeanografen und Kapitän Charles Moore in das öffentliche Bewusstsein. Auf dem Rückweg von einer Regatta in Hawaii durchfuhr Moore 1997 zufällig die Zone, in der Abfälle aufgrund der Meeresströmungen akkumulieren, und beobachtete viele schwimmende Plastikobjekte. Dieses Erlebnis markierte einen Wendepunkt für ihn und seine Arbeit: Moore gründete die Nichtregierungsorganisation Algalita, schrieb sich auf die Fahnen, Meeresmüll zu bekämpfen und begann, Artikel über das Thema zu veröffentlichen. Es gelang Moore mit dem Bild des Müllteppichs inmitten des Ozeans, den Medien auch als »Insel des Mülls« oder »achten Kontinent« bezeichneten, in der Öffentlichkeit

Aleksandr Papichev / Alamy Stock Foto, 2HW3HBD

Eine Müllinsel schwimmt im Meer.

ein Problem zu umreißen, das sowohl gesellschaftlich als auch wissenschaftlich aufgegriffen wurde.

Vor allem Einwegverpackungen wie Plastikflaschen, Plastiktüten und Lebensmittelverpackungen, die über Flüsse, Niederschlagswasser und Wind in die Meere gelangen, gehören neben Abfällen aus der Fischerei (Fischernetze) zu den Hauptbestandteilen von Meeresmüll. Mehr als eine Million Plastikflaschen sammelte die Umweltschutzorganisation Ocean Conservancy im Jahr 2017 weltweit an Stränden ein. Schätzungsweise gelangen 4,8 bis 12,7 Millionen Tonnen Plastikabfälle jährlich in die Ozeane. 100 bis 150 Millionen Tonnen Plastikmüll werden insgesamt in den Meeren vermutet. Sind Abfallinfrastrukturen kaum vorhanden, wie etwa im Mittelmeerraum oder in Teilen von Asien, landen Abfälle auf großen offenen, küstennahen Deponien, von wo aus sie durch Wind und Niederschlagswasser leicht ins Meer getragen werden. Flüsse sind ebenfalls ein wichtiger Eintragspfad, durch den Abfälle bis ins Meer gespült werden. Viel Müll wird achtlos liegengelassen oder bewusst weggeworfen, sei es in Deutschland, in Europa und weltweit. An touristisch erschlossenen Stränden wird Müll liegen gelassen oder gleich im Meer entsorgt. An der

Im Süd-Malé-Atoll auf den Malediven wird Plastikmüll im Meer entsorgt, 2019.

deutschen Ostseeküste ist der Tourismus Quelle von Meeresmüll. Auf dem Meer zählt die Fischerei zu den großen Verursachern von seebasierten Einträgen. Netze und andere Gerätschaften werden im Meer entsorgt oder gehen verloren. Trotz des weltweiten Verbots wird von den Schiffen vorsätzlich Müll im Meer entsorgt oder Ladung ins Meer verloren. Durch ihre Beständigkeit bauen sich Kunststoffe in der Meeresumwelt kaum ab. Abhängig von Zusammensetzung des Kunststoffs und Beschaffenheit der Oberfläche, treiben die Abfälle auf der Meeresoberfläche oder sinken auf den Meeresboden ab. Durch Meeresströmungen werden Plastikteile global transportiert und sind bis in die Polarregionen, weit ab von ihrem Eintragsort, anzutreffen. Forschende und Umweltschutzorganisationen weisen auf die ökologischen Auswirkungen für Flora und Fauna hin: Fische, Vögel, Schildkröten und Meeressäugetiere können Plastikteile mit Nahrung verwechseln und daran ersticken. Zudem können sie sich in alten Fischernetzen und anderen Plastikabfällen verfangen und sich verletzen. Als eine wesentliche Gefahrenquelle für Ökosysteme gilt die Besiedelung der treibenden Plastikteile durch marine Organismen wie kleine Muscheln oder Schnecken, die mit Hilfe dieser Treibkörper weite Strecken zurücklegen können und in entfernteste Regionen gelangen. Dies kann dazu führen, dass fremde Arten in Ökosysteme eindringen und diese empfindlich stören.

Zum Schutz der Meere und Ozeane existieren unterschiedliche Abkommen, darunter beispielsweise das OSPAR-Abkommen, ein völkerrechtlicher Vertrag zum Schutz der Nordsee und des Nordostatlantiks. OSPAR setzt sich aus den Städten »Oslo« und »Paris«, den Gastgeberstädten für die internationalen Konventionen 1972 und 1974, zusammen. Um die Häufigkeit und Zusammensetzung des Meeresmülls zu bestimmen, überwacht OSPAR Müll an Stränden, am Meeresboden und Plastikfragmente in Mägen von Eissturmvögeln. Die Vertragsstaaten legten im Jahr 2008 einen Grenzwert von 0,1 g Kunststofffragmenten fest, der im Magen von höchstens 10 % der tot aufgefundenen Eissturmvögel überschritten sein darf. Als Referenz dienen relativ unbelastete Eissturmvögel aus der Arktis. Der Anteil der Eissturmvögel mit mehr als 0,1 g Kunststoff im Magen beträgt an der deutschen Nordseeküste derzeit etwa 60 %.

Zahlreiche Projekte und Initiativen widmen sich der Bekämpfung des Meeresmülls. Neben Aufklärung und Strandsäuberungsaktionen, gibt es viele Projekte zur Entfernung von Meeresabfällen aus der Umwelt. Das bekannteste Projekt »The Ocean Cleanup« wurde 2012 von dem damals 19-jährigen Niederländer Boyan Slat vorgestellt und basiert auf einer Anlage, die auf der Meeresoberfläche treibende Abfälle einsammelt. Dennoch kann durch solche Projekte nur ein sehr geringer Anteil des Mülls aus der Meeresumwelt entfernt werden. Insgesamt befinden sich zu viele Plastikteile in den Ozeanen, jeden Tag kommen tausende Tonnen hinzu, der größte Teil des Meeresmülls sinkt auf den Meeresboden und zerfällt in kleinste Fragmente, die als Mikroplastik bezeichnet werden, welche aufgrund ihrer geringen Größe nicht mehr aus der Umwelt entfernt werden können.

Freiwillige sammeln Plastikmüll an einem See in der Nähe von Berlin, 2021.

Klein, kleiner, Mikroplastik

Als Mikroplastik werden Plastikfragmente kleiner als 5 Millimeter bezeichnet. Diese entstehen, wenn größerer Plastikmüll in der Umwelt verwittert und dadurch in immer kleinere Teile zerfällt oder zerrieben wird. Mikroplastik gelangt aber auch durch andere Wege in die Umwelt. So werden beispielsweise bestimmten Körperpflegeprodukten kleine Mikroplastikkügelchen beigesetzt, die für einen Peelingeffekt auf der Haut sorgen. Diese Mikroplastikpartikel gelangen dann durch die Nutzung solcher Produkte über das Abwasser in die Umwelt. Mikroplastik, das durch Verwitterung entsteht, heißt »sekundäres Mikroplastik«, während die direkt für bestimmte Anwendungen produzierten Plastikpellets und -granulate als »primäres Mikroplastik« bezeichnet werden.

Bereits in den 1970er-Jahren berichteten die Wissenschaftler Edward Carpenter und K. L. Smith von der Woods Hole

Svet / Alamy Stock Foto, 2J3DPF8

So groß ist Mikroplastik.

Oceanographic Institution, Massachusetts, über ihre zufälligen Entdeckungen bei einer Forschungsreise in die westliche Sargassosee. Sie nutzten Planktonnetze, um planktonische Lebensgemeinschaften in der Meeresoberfläche zu untersuchen. In den Netzen fanden sie eine Vielzahl kleiner Plastikfragmente, die sie vielen Arten von Kunststoffen zuordneten. Etwa 30 Jahre später prägte der Meeresbiologe Richard Thompson von der Plymouth University den Begriff Mikroplastik, mit dem er die Plastikpartikel bezeichnete, die er bei seinen Untersuchungen entdeckte. Er lenkte damit die Aufmerksamkeit von Wissenschaft und Öffentlichkeit von den großen, sichtbaren Plastikabfällen in den Meeren vermehrt auf die nicht direkt sichtbaren fein zerriebenen Plastikpartikel. In den darauffolgenden Jahren erschienen viele weitere Studien zum Vorkommen und den Auswirkungen von Mikroplastik in der Umwelt. Mikroplastik ist mittlerweile so gut wie überall in der Umwelt nachweisbar. Vor allem in Ozeanen, Seen und Flüssen wurden Plastikfragmente entdeckt – und das auch an abgelegenen Orten wie der Tiefsee oder der Arktis. Die gemessenen Konzentrationen sind dabei sehr unterschiedlich. In deutschen Flüssen beträgt der höchste gemessene Wert umgerechnet 0,2 Partikel pro Liter Flusswasser, während manche Proben aus dem Ozean mehrere 100 Partikel pro Liter enthalten. Nicht nur die Konzentrationen unterscheiden sich, auch die Partikel selbst sind höchst unterschiedlich. Sie bestehen aus unterschiedlichen Polymerarten, haben unterschiedliche Größen und Farben und ihre Form reicht über Kügelchen, scharfkantige Fragmente bis hin zu feinen Plastikfasern. Je nach Region stammen Mikroplastikpartikel aus unterschiedlichen Quellen. So finden sich im Ozean am häufigsten Partikel, die aus dem Zerfall größeren Plastikmülls entstehen. In deutschen Gewässern ist die Belastung vor allem auf den Abrieb von Reifen oder den Verschleiß von Baumaterialien zurückzuführen. Die Vielfalt der Plastikpartikel, die in der Umwelt auftreten, spiegelt somit gewissermaßen auch die vielfältigen Verwendungen von Plastik im Alltag wider. Auch wenn

snapshot/Future Image/F.Bungert/SZ Photo 02848434

Spargelfeld in Beelitz.

sich die Forschung zunächst auf Gewässer konzentrierte, sind Mikroplastikpartikel auch in anderen Bereichen der Umwelt zu finden, beispielsweise in der Luft dicht besiedelter Regionen oder in Böden.

Da die Mikroplastikpartikel so vielfältig sind, ist bisher nur ein Bruchteil untersucht, und es lassen sich nur unsichere Vorhersagen über die Folgen für die Umwelt treffen. Organismen kommen in der Umwelt mit Mikroplastik in Kontakt und nehmen die Partikel auf, so findet man bei Fischen und anderen Organismen Mikroplastik im Verdauungstrakt. In Laborstudien hat sich gezeigt, dass die meisten Organismen die aufgenommenen Partikel wieder ausscheiden und die bisher in der Umwelt auftretenden Konzentrationen nicht akut giftig für Lebewesen sind. Dennoch sammelt sich Mikroplastik aufgrund der langen Abbauzeit in der Umwelt immer weiter an, weshalb die Konzentrationen steigen und damit auch die Auswirkungen von Plastikfragmenten auf Ökosysteme.

Aufgrund des allgegenwärtigen Vorkommens von Mikroplastik werden auch Auswirkungen auf die menschliche Gesundheit befürchtet. Weit verbreitet ist die Annahme, dass Fisch und Meeresfrüchte Mikroplastik aufnehmen und dieses damit auch in die menschliche Nahrungskette gelangt. Heute weisen viele Studien darauf hin, dass dieser Weg nur eine nebensächliche Quelle darstellt und Menschen Plastikpartikel hauptsächlich durch den alltäglichen Umgang mit Kunststoffprodukten aufnehmen. Auch über die gesundheitlichen Folgen durch die Aufnahme von Mikroplastik ist nur wenig bekannt. Bisher zeigen Studien keine Hinweise auf eine akute Gefährdung der Gesundheit durch Plastikpartikel. Allerdings lösen sich durch den ständigen Gebrauch von Kunststoffprodukten auch Plastikadditive aus den Polymeren, die von Menschen aufgenommen werden und deren mögliche Gesundheitsfolgen seit längerer Zeit diskutiert werden.

Chemikalien-Cocktail mit unbekannten Folgen

Kunststoffe sind nicht nur wegen der wachsenden Abfallmengen problematisch, sondern stehen auch immer wieder in Verbindung mit potenziell gesundheitsschädlichen Chemikalien. Dabei handelt es sich um Kunststoffen zugesetzte Additive, welche dem Material seine speziellen Eigenschaften verleihen. Die enthaltenen Chemikalien sind anders als die Polymerkette nicht fest gebunden, können sich aus den Kunststoffen herauslösen und etwa aus Verpackungen in Nahrungsmittel übertreten. Somit kommen Verbraucherinnen und Verbraucher mit den Chemikalien regelmäßig in Kontakt und Plastikadditive sind im Blut und Urin einer breiten Bevölkerungsgruppe nachweisbar.

Die Auswirkungen von Plastikadditiven sind komplex und hängen von der Art des verwendeten Additivs, der Belastungsdauer und -menge sowie anderen Umweltfaktoren ab. Bekannte Additive sind Weichmacher wie zum Beispiel Phthalate. Sie werden häufig in PVC-Produkten wie Spielzeug, Folien und medizinischen Geräten verwendet. Phthalate stehen im Verdacht, hormonelle Störungen zu verursachen und das Fortpflanzungssystem zu beeinträchtigen. Neben den gezielt beigesetzten Chemikalien gelangen während der Plastikherstellung und -verarbeitung weitere Substanzen in den Kunststoff. Diese umfassen Chemikalien, die zur Produktion benötigt werden sowie Reaktionsprodukte, welche während der Herstellung entstehen. Es wird geschätzt, dass etwa zehntausende Substanzen aus Materialien austreten, die im Kontakt mit Lebensmitteln stehen.

In Deutschland gibt es keine Pflicht, die Inhaltsstoffe einer Plastikverpackung auf dieser zu vermerken. Folglich kann an einer Verpackung nicht deren genaue Zusammensetzung abgelesen werden. Allerdings unterliegen alle Verpackungen, welche in den Kontakt mit Lebensmittel kommen, der Europäische Rahmenrichtlinie für Plastikartikel und Artikel mit Lebensmittelkontakt (EU) No 10/2011. Nur Substanzen, welche in dieser aufgeführt sind, dürfen zur Herstellung von Kunststoffen mit Lebensmittelkontakt verwendet werden. In Europa sind ungefähr 600 Substanzen als Additive und Hilfsstoffe zur Polymerproduktion von Plastikartikeln mit Lebensmittelkontakt zugelassen. Zudem dürfen die einzelnen Substanzen nur bis zu einer definierten Menge, die als unbedenklich für die menschliche Gesundheit gilt, aus der Verpackung in ihren Inhalt übertreten. Chemikalien, die als bedenklich für die menschliche Gesundheit gelten, wurden komplett oder für einzelne Anwendungen verboten. Beispielsweise sind die meisten Phthalate, die von der europäischen Chemikalienagentur (ECHA) als schädigend für das Hormonsystem und die Fortpflanzung eingestuft wurden, in Babyartikeln verboten (EC 2004/781/EG). Auch ist der Gebrauch bromierter Flammschutzmittel, welche ein hohes Potenzial besitzen, sich im Körper anzureichern, und teilweise mit dem Schilddrüsenhormonsystem interagieren, in der EU untersagt.

Konsumentinnen und Konsumenten sind nicht akut gefährdet, wenn sie Lebensmittel aus Plastikverpackungen zu sich nehmen. Dafür ist die einmalige, allein von Verpackungen stammende Dosis viel zu gering. Durch regelmäßigen Verzehr aus Plastikverpackungen gelangen die darin enthaltenen Chemikalien allerdings ständig in den Körper. Langfristige gesundheitliche Auswirkungen sind schwer abschätzbar und lassen sich nicht eindeutig auf Nahrung aus Plastikverpackungen zurückführen. Doch nicht alle Kunststoffprodukte enthalten Chemikalien, die in Laborstudien schädliche Effekte zeigen. Dies ist beim Einkauf allerdings nicht erkennbar, weshalb es für die Hersteller verbindliche Auflagen geben sollte, die Inhaltsstoffe ihrer Produkte zu kennzeichnen und für deren Unbedenklichkeit zu garantieren.

Kunststoffe der Zukunft

Wie sieht ein nachhaltiger Kunststoffgebrauch in der Zukunft aus? Kunststoffe sind in vielen Anwendungen wie Bau, Transport oder im Gesundheitsbereich nicht zu ersetzen. Auch Plastikverpackungen komplett zu verbieten ist nicht machbar und auch nicht sinnvoll. Richtig eingesetzt bieten Kunststoffe viele Vorteile gegenüber anderen Materialien, auch hinsichtlich ihrer Auswirkungen auf die Umwelt. So verbrauchen Kunststoffprodukte teilweise weniger Ressourcen als Papier, Glas oder Metall und weisen eine bessere Klimabilanz auf.

Viele Unternehmen setzen auf »Biokunststoffe«, ein Oberbegriff für biobasierte, also aus nachwachsenden Rohstoffen statt aus Erdöl hergestellten Kunststoffen und biologisch abbaubaren Kunststoffen. Dabei ist ein biobasierter Kunststoff nicht zwingend biologisch abbaubar. Für viele gängige Kunststoffe können die Ausgangsmaterialien mittlerweile aus nachwachsenden Rohstoffen wie beispielsweise Mais oder Zuckerrohr hergestellt werden. Allerdings müssen auch Biokunststoffe kritisch auf ihre ökologische Nachhaltigkeit geprüft werden. Ob die Verwendung von nachwachsenden Rohstoffen ökologisch von Vorteil ist, muss im Einzelfall geprüft werden. So müssen der teilweise energieintensive Anbau der Rohstoffe oder auch ineffiziente Syntheserouten berücksichtigt werden. Auch der biologische Abbau von Biokunststoffen muss differenziert betrachtet werden. Dieser hängt von der Materialbeschaffenheit sowie den Umweltbedingungen ab. In der Meeresumwelt ist der Abbau von bioabbaubaren Kunststoffen zumeist genauso eingeschränkt wie bei konventionellen Kunststoffen.

Es reicht also nicht aus, Kunststoffprodukte durch vermeintlich umweltfreundlichere Alternativen zu ersetzten, sondern es

Eine Alternative zu konventionellen Kunststoffen sind aus Pflanzen hergestellte Biokunststoffe.

bedarf ganzheitlicher Lösungen: Die gesamte Nutzungsphase von Produkten sollte im Blick sein, um damit die Wiederverwendung und das Recycling bereits beim Design des Produkts mitzudenken und negative Umwelt- und Gesundheitsfolgen zu vermeiden. Idealerweise sind Kunststoffe der Zukunft aus erneuerbaren Ressourcen hergestellt und werden – wo möglich und sinnvoll – zu langlebigen Mehrweg- statt zu Einwegprodukten verarbeitet, enthalten keine bedenklichen Chemikalien und können leicht voneinander getrennt und damit ohne Qualitätsverlust recycelt werden. Dies erfordert eine Einbindung aller Akteure und Transparenz entlang des gesamten Lebenszyklus eines Kunststoffproduktes und die konsequente Umsetzung von Gesetzen.

Literatur

Chalmin P (2019): The history of plastics: from the Capitol to the Tarpeian Rock. Field actions science reports. The Journal of Field Actions Special Issue, 6–11

Ellen MacArthur Foundation (2020): The Global Commitment 2020. Progress Report. https://emf.thirdlight.com/link/il0mcm1dqjtn-knjubr/@/preview/1?o

Geyer R, Jambeck JR, Law KL (2017): Production, use, and fate of all plastics ever made. Science Advances, 3(7), e1700782

Heinrich-Böll-Stiftung (2019): Plastikatlas: Daten und Fakten über eine Welt voller Kunststoff. https://www.boell.de/sites/default/files/2022–01/Boell_Plastikatlas%202019%206. Auflage_V01_kommentierbar.pdf (30.05.2023)

PlasticsEurope (2022): Plastics – the Facts 2022. https://plasticseurope.org/knowledge-hub/plastics-the-facts-2022/ (30.05.2023)

Umweltbundesamt (2021): Kunststoffabfälle. https://www.umweltbundesamt.de/daten/ressourcen-abfall/verwertung-entsorgung-ausgewaehlter-abfallarten/kunststoffabfaelle#kunststoffe-produktion-verwendung-und-verwertung (30.05.2023)

Völker C, Kramm J (2020): Bioplastik – Kunststoffe der Zukunft?. In: Kröger M, Pape J, Wittwer A (Hg.): Einfach weglassen? Ein wissenschaftliches Lesebuch zur Reduktion von Plastikverpackungen im Lebensmittelhandel. München: oekom verlag, 393–407

Völker C, Kramm J (2020): Dem Mikroplastik auf der Spur. Spektrum der Wissenschaft (9), 58–65